마인드맵 그림책

지구를 살리는 환경 이야기

플라스틱은 왜 지구를 해칠까요?

클라이브 기포드 글 한나 리 그림
오르후스 대학교 트리디베시 데이 박사 감수 박정화 옮김

바나나BOOK

오르후스 대학교의 과학자, 트리디베시 데이 박사가 전하는 말

트리디베시는 플라스틱을 연구하는 과학자이자 엔지니어예요. 플라스틱을 연구해 인도 전역에 있는 마을과 도시에서 플라스틱을 재활용하는 데 도움을 주었고 다른 과학자, 전문가 및 세계 지도자들과 함께 플라스틱 오염 문제를 해결하기 위해 일하고 있어요.

플라스틱은 화학 물질로 만들어진 다양한 범위의 물질에 사용되는 말이에요. 오늘날 안전하게 처리할 수 있는 양보다 더 많은 플라스틱이 생산되고 있고, 이것이 광범위한 오염으로 이어지기 때문에 심각한 문제가 되고 있어요. 이 문제는 생명체를 포함해 지구상의 모든 것에 영향을 미치고 있어요.

플라스틱은 오래가며 그 잔해는 공기, 물, 토양 등 곳곳에서 발견되고 있어요. 플라스틱은 점점 더 많은 생명체에 흡수되고 있으며, 심지어 인간의 몸과 혈액 속에서도 발견되었어요. 과학자들은 플라스틱에 함유된 여러 종류의 화학 물질이 심각한 질병을 일으킬 수 있다는 것을 알아냈어요.

더 큰 피해가 발생하기 전에 우리가 할 수 있는 일이 많아요. 포장재 등 일상생활에서 플라스틱 사용을 피하고 줄이는 것이 큰 차이를 만들 수 있지요. 그러면 플라스틱을 생산하는 회사가 플라스틱을 대체할 수 있는 다른 재료를 찾거나 개발할 거예요. 재활용도 아주 좋은 방법이에요. 우리는 나라에서 플라스틱 생산과 화학 물질 사용에 대해 더 강력히 통제하도록 요구할 수도 있어요. 친구들과 이야기하고, 서로 배우며, 지역사회뿐 아니라 더 넓은 지역에 퍼뜨리세요. 마지막으로 과학, 기술, 그리고 공동체에 대한 적극적인 관심은 플라스틱 문제를 해결하는 기반이 될 수 있답니다.

이 책을 읽고 플라스틱이 가지고 있는 다양하고 복잡한 문제에 대해 배우고 나면, 그 지식과 생각을 다른 사람들과 공유하기 바랍니다. 여러분이 목소리를 내고 함께 노력하면 변화를 가져올 수 있다고 믿어요. 우리의 미래가 여러분에게 달려 있어요.

차 례

마인드맵 4

플라스틱의 문제점은 무엇일까? 6
분해되지 않는 8
일회용 10
토양 오염 12
매립지 14
자원 낭비 16

플라스틱은 어디에서 왔을까? 18
친숙한 플라스틱 20
플라스틱은 어떻게 만들어질까? 22

우리는 왜 플라스틱을 사용할까? 24
실내와 실외 26
가볍고, 튼튼하고, 저렴한 28
모양을 원하는 대로 30

플라스틱이 왜 바다에 있을까? 32
바다로 떠나는 여행 34
미세 플라스틱 36
해안에서 해저까지 38

플라스틱이 바다를 얼마나 해칠까? 40
하나로 연결된 해류 42
바다 생물 44
미세 플라스틱 먹이 사슬 46

어디서부터 문제를 해결해야 할까? 48
청소하기 50
과학 기술 52
플라스틱 사용 금지하기 54

플라스틱 사용을 멈출 수 있을까? 56
플라스틱 덜 사용하기 58
재활용 60
대체 재료 62

우리가 할 수 있는 일은 무엇이 있을까? 64
우리 모두 목소리를 모아 66
우리가 할 수 있는 일들 68

용어 해설 70
찾아보기 72

마인드맵

이 책은 '마인드맵 그림책'이에요. 마인드맵은 다양한 생각을 연결해 간단하게 보여 주는, 그림으로 된 지도예요. 복잡한 주제를 이해하기 쉽게 해 주는 매우 유용한 방법이지요. 이 책의 마인드맵은 '플라스틱'에 대해 다루고 있어요. 각 장마다 질문이 나뉘어 이야기가 시작되지요.

선을 따라가세요

알고 싶은 질문을 찾아서 색깔별로 표시된 선을 따라 각각의 개별 주제를 살펴보세요. 예를 들어 플라스틱 사용을 멈출 수 있을까?에는 두 가지 주요 방법이 있어요. 즉, 플라스틱 사용을 피하거나 대신할 수 있는 재료로 된 제품을 사는 거예요. 개별 주제가 어떻게 세분되는지 연결된 선들을 계속해서 따라가 보세요.

플라스틱의 문제점은 무엇일까?

우리는 매년 수억 톤의 플라스틱을 사용해요. 플라스틱은 매우 편리하지만 버려진 뒤에도 분해되지 않고 오랫동안 남아 있어요. 버려진 플라스틱은 우리의 토양과 강, 바다에 쌓여 많은 생명체와 생태계에 해를 끼친답니다.

8 축적

분해되지 않는

플라스틱은 가벼우면서도 강한 성질 때문에 여러 분야에서 다양하게 쓰이고 있어요. 다른 재료와 비교했을 때 플라스틱의 내구성과 강도는 아주 놀라워요. 하지만 이러한 큰 장점이 환경에는 해가 된답니다. 쓸모가 없어서 버려진 이후에도 플라스틱과 그 안에 포함된 해로운 화학 물질은 오랫동안 사라지지 않아요.

썩은 물질에서 나오는 영양분은 토양을 더 기름지게 만들어요.

생분해

과일, 채소, 종이 및 면과 같은 천연 재료는 자연적으로 썩어서 없어져요. 더 간단한 물질로 생분해 즉 부패하여 토양으로 흡수되지요.

사과 한 개가 썩는 데는 4~8주가 걸려요.

분해자

벌레, 노래기, 버섯과 같은 균류 및 박테리아와 같은 미생물은 썩는 물질을 더 빠르게 분해하는 데 도움을 줘요. 공기 중의 질소를 식물에게 공급하는 세균도 분해자의 대표군으로 유기물을 분해해 식물이 질소를 이용할 수 있도록 해 생태계를 유지하는 역할을 해요.

축적 9

자연적인 청소

많은 천연 재료는 자연환경 속에서 단 몇 주 만에 분해될 수 있어요. 반면 인간이 만든 플라스틱 물건들은 일반적으로 분해되는 데 훨씬 더 오랜 시간이 걸려요.

나무로 만든 종이는 분해되는 데 약 6주가 걸려요.

버려진 과일과 채소는 대부분 단 몇 주 만에 썩어 없어져요.

면으로 만든 옷은 최대 5개월이면 분해돼요.

매립지 14

여전히 이곳에

지난 120년 동안 생산된 플라스틱의 대부분은 아직 자연에서 완전히 분해되지 않았어요. 그 결과 쓰레기가 쌓여 가고 있지요.

분해

플라스틱은 쉽게 분해되지 않고 분해되려면 아주 오랜 시간이 걸려요. 플라스틱은 먼저 미세 플라스틱으로 알려진 작은 조각들로 분해되기도 하지만, 완전히 분해되기까지는 수백 년이 걸려요.

20~50년
일회용 비닐봉지

약 400년
플라스틱 링 홀더

450년
페트병

500년 이상
플라스틱 칫솔

최대 200년
일회용 빨대

20년 이상
종이컵

플라스틱과의 관련성

자연적인 분해 방식이 플라스틱에는 효과가 없어요. 분해자들은 음식 및 종이 같은 천연 재료는 분해할 수 있지만 플라스틱은 분해할 수 없답니다!

일회용

매년 생산되는 플라스틱 중 1/3 이상이 봉지, 병, 포장지, 빨대와 같은 제품을 만드는 데 사용돼요. 이러한 것들은 대부분 딱 한 번 또는 아주 잠깐 사용되고 버려지지요. 면봉은 만드는 데 걸린 시간보다도 훨씬 짧은 시간 사용되고 버려진답니다. 이러한 낭비적인 소비 방식이 산더미 같은 플라스틱 쓰레기를 만들어 내고 있어요.

여러분이 좋아하는 풍선도 플라스틱으로 만드는 일회용품이에요. 터지거나 바람이 빠진 후에도 오랫동안 분해되지 않아요.

사용하고 버려요
일부 사람들은 재사용이 가능한 물건을 일회용처럼 버리기도 해요. 축제 참가자들이 종종 자신들이 사용한 텐트와 의상 등 재사용이 가능한 플라스틱 제품을 버려 많은 쓰레기가 발생해요.

종이 아니었어?
어떤 플라스틱은 종이 같은 재료로 만들어진 용기 안에 숨어 있어요. 주스, 우유, 그리고 일부 식품을 담고 있는 팩들은 종이처럼 보이지만 내부에 플라스틱으로 만든 안감이 있어요. 이 팩들은 단 한 번 사용되고 쓰레기통에 버려져요.

일회용 비닐봉지
대부분의 얇은 비닐봉지는 15분도 사용되지 않고 버려져요. 쓰레기가 된 비닐봉지는 바람에 날려 육지를 가로지르거나 멀리 강으로 갈 수 있어요.

축적 11

반짝이
'반짝이'는 플라스틱의 일종인 PET(폴리에틸렌 테레프탈레이트)와 알루미늄 금속으로 만들어요. 크기가 작아 이 미세 플라스틱을 제거하기가 더 어려워요. 하수 처리 과정에서 수로를 통해 빠져나가 바다로 들어갈 수 있어요.

미세 플라스틱 → 36

일회용 컵의 편리함
매년 수십억 개의 일회용 폴리스타이렌 컵이 사용되고 버려져요. 일회용 컵은 재활용할 수 없어요.

패스트푸드 포장재
플라스틱 포크, 빨대, 버거 상자, 그리고 감자튀김 포장지는 햄버거를 먹는 시간만큼만 사용되고 빠르게 버려져요.

플라스틱과의 관련성
일회용 플라스틱은 어디에나 있고 매일 엄청난 양이 사용돼요. 우리가 플라스틱의 생산과 사용을 막는다면, 플라스틱이 산더미처럼 쌓여 땅과 바다를 오염시키는 것을 막을 수 있어요.

12 폐기물

토양 오염

분해되지 않는 플라스틱이 쓰레기로 버려지면 많은 문제가 발생해요. 자연 경관을 망치고 그곳에 사는 식물과 생물에 큰 피해를 주지요. 비닐봉지나 플라스틱이 식물을 덮어 식물이 성장하는 데 필요한 햇빛을 막을 수 있고 곤충, 개구리, 그리고 아기 새들은 플라스틱 용기 안에 갇힐 수도 있어요. 플라스틱에 포함된 독성 화학 물질은 토양과 물을 오염시키기도 해요.

위험한 식사

많은 동물이 밝은색의 플라스틱에 끌리게 되는데 이것은 밝은색의 플라스틱이 먹이라고 생각하기 때문이에요. 동물이 플라스틱을 먹게 되면 목이나 소화 기관에 달라붙어 병을 일으키거나 심지어 죽을 수도 있어요.

죽음의 뚜껑

긴 부리를 가진 새들은 플라스틱 병 뚜껑에 부리 한쪽이 끼기도 해요. 하지만 병 뚜껑은 새가 부리를 다물 수 없게 만들어 새가 구조되지 않는 한 제대로 먹거나 마실 수 없어요.

빠져나올 수 없는

그물, 끈, 낚싯줄과 같은 플라스틱은 썩는 데 수 세기가 걸려요. 이러한 플라스틱은 새들과 작은 포유동물의 몸을 휘감고 몸에 엉켜 고통을 주고 다치게 해요.

화재 위험

일부 플라스틱은 불꽃, 번개, 불붙은 성냥이나 담배로 인해 빠르게 타면서 유독 가스를 뿜어내요. 또한 건조한 풀과 나무에 불을 붙여 산불을 일으킬 수도 있어요.

폐기물 13

링 홀더
플라스틱 링 홀더는 페트병이나 캔을 서로 고정할 때 사용해요. 하지만 링 홀더는 새와 포유류의 목에 끼일 수 있으며 그대로 두면 목이 조일 수 있어요.

플라스틱과의 관련성
플라스틱의 변형되지 않는 단단한 성질은 동물들에게 심각한 문제를 일으킬 수 있어요. 자연에 플라스틱 쓰레기가 없도록 유지하는 것은 다양한 종들이 번성할 기회를 높이지요.

야외 청소
야외로 산책이나 소풍을 가면 종종 플라스틱 쓰레기가 생겨요. 우리가 버린 쓰레기를 줍지 않으면 플라스틱은 땅을 오염시킬 수 있어요.

바람에 날아가기 쉬운 플라스틱
비닐봉지와 같은 가벼운 플라스틱은 땅속에 굴을 파고 사는 동물 서식지의 입구를 막기도 해요.

쉽게 날아가는 34

화학적 피해
플라스틱에서 새어 나온 일부 해로운 화학 물질은 토양과 물로 번질 수 있어요. 과학자들은 이러한 화학 물질이 생물들에게 얼마나 큰 피해를 주는지 연구하고 있어요.

토양 오염
지렁이, 곤충 같은 생물들은 흙에 공기를 공급하고 영양분을 증가시켜 땅을 기름지게 하는 데 도움을 줘요. 하지만 땅속에 미세 플라스틱의 양이 증가하면서 이러한 생물들이 위협받고 있어요. 과학자들에 따르면 미세 플라스틱이 생물의 성장과 이동에 영향을 준다고 해요.

14 폐기물

매립지

세계적으로 매년 20억 톤 이상의 단단한 폐기물이 발생해요. 이는 3억 마리가 넘는 아프리카코끼리의 무게에 해당돼요. 이 중 거의 1/5이 플라스틱이에요. 이 플라스틱은 어디로 가는 걸까요? 일부는 재활용되거나 소각되지만, 대부분은 쓰레기 매립지에 묻혀요. 수천 헥타르(1만 m²)의 땅을 차지하는 쓰레기 매립지는 다른 목적으로 사용되거나 자연을 위해 야생의 상태로 남겨 둘 수도 있는 땅이에요. 쓰레기 매립지에 있는 플라스틱 폐기물은 많은 문제를 일으켜요.

온실가스

쓰레기가 부패하면서 발생하는 메탄가스는 지구 온난화에 영향을 주는 온실가스 중 하나예요.

환경의 변화

쓰레기 매립지는 많은 생물의 서식지를 파괴하고 일부 야생동물을 쫓아내면서, 파리와 쥐 같은 질병을 퍼뜨리는 해충 및 유해 동물들에게 서식지를 제공해요.

폐플라스틱

플라스틱은 그 무게가 쓰레기 매립지의 10~15% 정도밖에 차지하지 않지만 사실상 쓰레기 매립지 전체를 뒤덮고 있어요. 플라스틱 제품이 가볍지만 그 수가 엄청나게 많기 때문이에요. 또한, 플라스틱은 종이나 음식물처럼 빠르게 분해되지 않아요.

폐기물

플라스틱 태우기
일부 플라스틱 폐기물은 크기를 줄이기 위해 매우 높은 온도에서 태우고, 남은 재는 땅속에 묻어요. 하지만 이러한 소각은 신중한 여과 과정을 거치지 않으면 온실가스뿐 아니라 다른 독성 물질도 배출할 수 있어요.

인근 주민들에게 일어나는 문제들
쓰레기 매립지는 관리 비용이 많이 들고 쓰레기 매립지에서 발생하는 악취는 주변에 사는 사람들을 불편하게 할 수 있어요. 또한, 소음이 발생할 수 있으며 주위 풍경을 해칠 수 있지요.

화학적 피해

화재 위험
쓰레기 매립지는 날카로운 물체, 화학 물질, 그리고 화재 위험이 가득한 곳이에요. 쓰레기 매립지에서 발생하는 메탄과 같은 가스는 쉽게 불이 붙어요.

공간 차지
쓰레기 매립지는 공원과 농지, 새집을 짓기 위한 다른 용도로 사용될 수 있을 만큼 큰 공간을 차지해요. 대도시에서는 쓰레기 매립지 공간이 줄어들고 있지만 쓰레기의 양은 증가하고 있어요.

오염 위험
빗물이 쓰레기 매립지를 통과하면서 플라스틱 폐기물에서 새어 나온 해로운 화학 물질도 함께 흘러 갈 수 있어요. 폐기물에서 흘러나온 이 액체를 침출수라 부르는데 토양, 하천, 강으로 흘러 들어가 주변을 오염시키고 멀리 있는 생물에게 까지 해를 끼쳐요.

온실가스 증가

플라스틱과의 관련성
우리가 사용한 엄청난 양의 플라스틱 쓰레기는 결국 쓰레기 매립지에 버려져요. 쓰레기를 처리하는 과정에서 해로운 가스와 화학 물질이 방출되지요. 플라스틱 사용을 줄이면 버려지는 플라스틱의 양도 애초에 줄일 수 있어요.

16 생산

자원 낭비

플라스틱은 저렴한 비용으로 만들 수 있는 것처럼 보이지만, 지구의 천연자원과 환경에 큰 비용을 내는 셈이에요. 플라스틱은 대부분 재생 불가능한 자원인 석유로 만들어져요. 석유는 그 양이 한정되어 있는 유한한 에너지로 지구상의 석유를 다 쓰고 나면 대체할 수 있는 자원이 없어요. 플라스틱을 만들고 운송하기 위해 석유를 추출하는 데 많은 양의 이산화 탄소가 발생되어 온실 효과를 높이고 있으며, 이로 인해 기후 변화가 발생하고 있어요.

석유 자원

플라스틱 제조와 운송에 매년 생산되는 석유의 약 6%를 소비해요. 석유는 찾아내고 추출하고 운송하는 과정을 거쳐야 해요. 이러한 작업은 많은 에너지와 다른 자원이 필요해요.

플라스틱 에너지

석유를 정제하여 플라스틱으로 만들고, 원자재 플라스틱을 공장으로 운송하기 위해서는 많은 에너지가 필요해요. 더 많은 석유를 사용해 필요한 에너지를 만들지요.

기름 유출

석유의 원유가 있는 유정과 유조선의 기름 누출 및 유출은 바다와 육지에 심각한 피해를 줄 수 있어요. 단 한 번의 기름 유출만으로도 수백 마리의 바다거북과 수천 마리의 새들이 죽을 수 있어요.

플라스틱은 어디에서 왔을까?

플라스틱은 여러 색의 단단한 블록에서부터 신축성 있는 밴드와 얇고 투명한 비닐에 이르기까지 많은 종류가 있어요. 플라스틱은 매우 다양한 용도로 사용되지요. 새로운 플라스틱이 계속 개발되면서 더 많은 곳에서 사용되고 있어요.

플라스틱 생산

플라스틱은 그 종류가 수천 가지로 아주 다양해요. 플라스틱은 대부분 1900년대에 발명되었지만 오늘날 우리 삶의 큰 부분을 차지하고 있지요.

초기 플라스틱

라텍스 고무와 같은 일부 플라스틱은 자연으로부터 얻은 것들이에요. 하지만 대부분의 플라스틱은 화학 공정을 거쳐 만든 합성 재료예요.

화학 물질
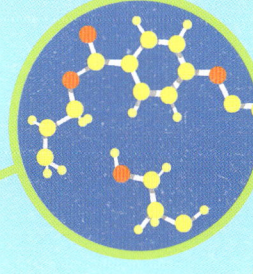
20

자연적

20

인공적

21

화석 연료

거의 모든 합성 플라스틱은 지하에 묻혀 있는 석유의 원유를 추출해 만들어요.

정제
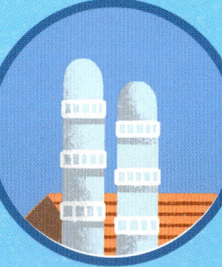
22

가공

23

초기 플라스틱

친숙한 플라스틱

플라스틱은 종류가 매우 다양해요. 서로 다른 모양과 느낌, 그리고 각기 다른 특성을 가지고 있어요. 그러나 모든 플라스틱은 한 가지 공통점이 있답니다. 바로 분자가 반복되며 긴 사슬로 이루어져 있는 중합체라는 거예요. 각 분자는 단량체라고 부르며, 플라스틱을 구성하고 있는 단량체는 강한 화학적 결합으로 주변 분자들과 사슬처럼 단단히 연결되어 있어요. 플라스틱은 이러한 분자 사슬을 수천에서 수백만 개까지 포함할 수 있지요.

천연 플라스틱

천연 플라스틱은 약 2,500년 이상 사용되었어요. 중앙아메리카 사람들은 고무나무 줄기에서 라텍스 수액을 받아 가열한 다음 굳혀서 천연고무를 만들었지요.

원자의 패턴

대부분 플라스틱은 황, 산소, 수소와 같은 원자뿐 아니라 많은 탄소 원자들을 포함하고 있어요. 이러한 조합은 각각의 플라스틱을 서로 다르게 만들어요. 테니스공에 사용되는 단단하고 오래가는 합성 고무부터 스포츠 음료 병에 사용되는 PET 플라스틱까지 종류가 매우 다양하답니다.

대체 재료

거북 등딱지

예전에는 거북이 등딱지에서 얻은 천연 재료로 보석과 안경테를 만들기도 했어요.

62

초기 플라스틱 21

인공 플라스틱

1800년대에 화학자들은 플라스틱을 만들기 위해 실험을 시작했어요. 천연고무를 유황으로 처리하면서 인조 고무를 처음 만들었어요. 이 새로운 재료는 자전거 타이어와 신발 밑창에 사용되었어요.

천연 플라스틱 대체재

식물 섬유로 만들어진 셀룰로스는 천연 플라스틱과 동물 상아를 대체하기 위해 만들어진 최초의 플라스틱 중 하나였어요. 셀룰로스는 필름, 피아노 건반, 의치 등을 만드는 대체재로 쓰였어요.

합성 플라스틱

화학적인 방법으로만 만들어진 최초의 완전한 합성 플라스틱은 베이클라이트였어요. 이것은 전화기에서 단추에 이르기까지 모든 제품에 재료로 인기가 있었어요.

동물의 뿔
아주 오래전에 빗, 수저 등은 특정 동물의 뿔로 조각했어요. 지금은 저렴한 재료로 만들어요.

셸락
바니시(목재 및 기타 소재의 표면 처리에 사용되는 공예용 마감재)와 레코드판은 랙깍지진디의 분비물을 정제한 셸락으로 만들어졌어요. 오늘날에는 합성 플라스틱으로 만들어져요.

플라스틱과의 관련성

천연 플라스틱은 역사가 오래되었지만, 오늘날 우리에게 가장 친숙한 플라스틱은 근 100년 동안 인간이 만들고 발명한 거예요. 합성 플라스틱은 그 편리함으로 인해 엄청난 인기를 누리게 되었죠.

화석 연료

플라스틱은 어떻게 만들어질까?

플라스틱의 95% 이상이 석유, 천연가스와 같은 화석 연료를 사용해 화학 공정을 거쳐 만들어져요. 화석 연료는 지하 깊은 곳에서 발견되며 시추나 채굴을 통해 추출되지요. 그런 다음 정제소로 운반해 가공되어 다양한 종류의 플라스틱으로 만들어져요. 플라스틱 사용량은 빠르게 증가하고 있으며, 오늘날 생산되는 플라스틱의 양은 2000년에 생산된 플라스틱보다 약 두 배 많아요.

플라스틱 생산

증류탑은 원유를 가열하여 끓는점의 차이를 이용해 여러 물질로 분리해요. 나프타는 플라스틱 생산에서 가장 일반적으로 사용되는 물질이에요.

- 석유 가스
- 휘발유
- 나프타
- 디젤
- 등유
- 중유
- 역청(아스팔트)

원유는 여러 가지 물질로 분리돼요.

원유 이동

많은 원유와 천연가스는 해저에 있는 유정에서 시추해 얻어요. 추출된 원유는 거대한 유조선이나 송유관을 통해 육지에 있는 정유소로 운반되지요.

화석 연료는 어디서 올까?

화석 연료는 석탄, 석유와 같이 오늘날 연료로 이용하는 물질로 지구의 지각에서 발견돼요. 화석 연료는 땅에 묻힌 동식물의 유해가 오랜 세월 열과 압력을 받아 만들어져요.

이 층은 수백만 년 후에 석유가 될 거예요.

화석 연료 23

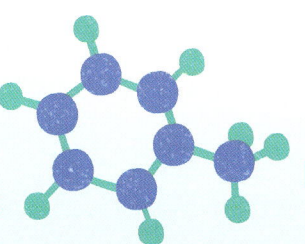
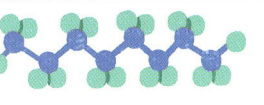

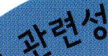

나프타는 다시 분해 과정을 거쳐요. 열에 의해 프로필렌과 에틸렌 같은 더 가벼운 물질로 분해되어 다양한 플라스틱을 구성하는 요소가 되지요.

열과 다른 물질에 의해 화학 반응이 발생하면 더 작은 분자들이 반복되어 긴 중합체를 만들어요.

특별한 종류의 플라스틱을 만들기 위해 다른 물질을 첨가할 수도 있어요. 때로 이러한 물질들은 독성이 있어 우리 몸과 자연에 해로울 수 있어요. 특정 색상을 만들기 위해 화학 염료를 혼합할 수도 있지요.

플라스틱과의 관련성

대부분의 플라스틱은 화석 연료를 가공해서 만들어요. 플라스틱을 많이 사용함에 따라 생산 방법도 개선되었지요. 이제 우리는 매년 수천만 톤의 플라스틱을 생산하고 있어요.

바다 위의 너들 36

액체에서 고체로

처리 과정을 거친 액상 플라스틱은 냉각되어 고체로 만들어져요. 분말로 만들기 위해 으깨기도 하지만 일반적으로는 너들이라고 부르는 작은 조각으로 잘라요.

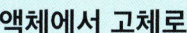

너들은 수조 단위로 전 세계 공장으로 운송돼요. 너들을 녹여 플라스틱 재료나 제품을 만들지요.

플라스틱 붐

1960년에는 전 세계에서 새로운 플라스틱이 매년 약 800만 톤이 생산되었어요. 하지만 현재 매년 새로 생산되는 플라스틱의 양은 약 350만 마리의 대왕고래와 같은 무게일 정도로 많아요. 대략 4억 5천만 톤이지요.

우리는 왜 플라스틱을 사용할까?

플라스틱은 저렴하고 가벼우면서도 오래가는 경이로운 재료로 환영받았어요. 나무, 금속 또는 세라믹으로 만들어지던 물건들이 갑자기 플라스틱으로 대체되었죠. 오늘날 대부분의 집은 우리가 알고 있는 것보다 훨씬 더 많은 플라스틱으로 가득 차 있어요.

인기

플라스틱이 인기를 얻은 이유는 가격과 선택의 다양성에 있어요. 다른 재료를 사용하는 것보다 비용이 적게 들고, 원하는 모든 크기와 모양으로 만들 수 있으니까요.

다양한 쓰임

플라스틱은 전기 차단기부터 비옷, 투명한 식품 랩까지 다양한 용도로 만들어져요.

실내에서
 26

실외에서
 27

장점

플라스틱은 싸고 가벼우면서 원하는 모양으로 쉽게 만들 수 있어요. 이런 편리한 특성들 때문에 플라스틱은 아주 다양하게 쓰여요.

가볍고 싼
 28

여러 가지 모양
 30

실내와 실외

내일 일어나면 하루의 첫 30분 동안 사용하고 만지는 플라스틱 제품의 수를 세어 보세요. 여러분은 그 수에 깜짝 놀랄 거예요. 부드러운 카펫과 러그 또는 단단한 라미네이트 바닥 장판과 같이 플라스틱이라고 생각하지 않았던 제품도 플라스틱으로 만들어진 것일 수 있어요. 어떤 집들은 플라스틱 제품으로 가득 차 있답니다!

욕실

욕실에는 많은 플라스틱이 있어요. 액체를 짜내기 위한 LDPE 샴푸 병과 나일론 칫솔모부터 현대식 욕조와 샤워 부스에 이르기까지 플라스틱은 어디에나 있어요.

어린이 장난감 중 많은 것이 튼튼하고 광택이 나며 단단한 재질의 플라스틱인 ABS(아크릴로나이트릴 뷰타다이엔 스타이렌)로 만들어져요.

컴퓨터

컴퓨터의 20~40%는 플라스틱으로 이루어져 있어요. 내부의 전자 부품은 플라스틱 회로 기판에 장착되고, 플라스틱으로 감싼 전선으로 연결되지요.

식품을 폴리프로필렌 플라스틱으로 만든 세척과 재사용이 가능한 통이나 용기에 넣어 운반해요.

어린이 침실

옷, 장난감, 신발은 종종 플라스틱인 경우가 많아요. 장난감의 고무바퀴와 단추는 일반적으로 폴리염화비닐(PVC)로 만들어져요. 여러분의 옷장에는 대부분 플라스틱 종류인 폴리에스터, 아크릴 또는 나일론으로 만든 옷들이 채워져 있을 거예요.

거의 모든 장난감

31

다양한 쓰임 27

야외에서
이 발코니에서는 UPVC(비가소성 폴리염화비닐) 창틀, 날씨에 잘 견디는 ASA(아크릴로나이트릴 스타이렌 아크릴레이트) 플라스틱으로 만든 발코니 가구, 그리고 폴리스타이렌 폼으로 안감이 처리된 튼튼한 플라스틱 자전거 헬멧을 볼 수 있네요.

플라스틱과의 관련성
플라스틱은 저렴하게 다양한 목적으로 만들 수 있는 재료예요. 그 결과 현대의 많은 가정은 부분적으로든 전체적으로든 플라스틱으로 만든 물건들을 쓰고 있어요.

주방 찬장에는 많은 PET 플라스틱병과 식품 용기들이 있습니다.

튼튼한 냉장고 문도 플라스틱으로 만들기도 해요.

거실
플라스틱 섬유로 짠 카펫은 오래가요. 일부 카펫에는 폴리우레탄 폼으로 만든 스펀지 층을 넣어 폭신하게 만들어요. 소파와 의자 안쪽에도 폴리우레탄 폼이 폭신함을 위해 사용돼.

주방
얇은 폴리에틸렌 비닐 쇼핑백과 냉동용 팩 그리고 쓰레기봉투, 튼튼하고 단단한 폴리카보네이트로 만들어진 주방 작업대까지, 플라스틱은 주방 곳곳에서 찾아볼 수 있어요. 조리 도구들도 종종 내열성 플라스틱으로 만들어지지요.

28 장점

가볍고, 튼튼하고, 저렴한

플라스틱은 튼튼하고 단단해 병원, 직장, 가정에서 널리 사용돼요. 또한 아주 가벼워 제품의 무게를 줄일 수 있어요. 플라스틱 음료병의 무게는 비슷한 크기의 유리병보다 1/10 정도 가벼워요. 하지만 무엇보다 플라스틱의 가장 큰 매력은 비용이에요. 플라스틱으로 가방, 포장재 및 제품의 부품을 만드는 것이 다른 재료로 만드는 것보다 훨씬 저렴하니까요.

의료 분야에서의 장점

플라스틱은 주사기, 마스크, 장갑과 붕대 등 의료 분야에서 유용하게 사용되고 있어요. 그 이유는 플라스틱 제품들이 저렴해 한번 쓰고 버릴 수 있기 때문이에요. 플라스틱 제품을 폐기함으로써 세균이 전파되는 위험을 줄일 수 있지요.

일회용 비닐봉지 10

뽁뽁이(버블랩)

이 포장재는 얇은 플라스틱 비닐 사이에 작은 공기주머니가 촘촘이 들어가 있어요. 깨지기 쉬운 물건들을 보호하고 열을 막는 단열재로 사용해요.

가벼운

플라스틱은 매우 가벼워서 각종 포장재에 사용돼요. 제품과 포장이 가벼울수록 배송에 필요한 에너지가 줄어들기 때문이에요.

장점

무게 줄이기
비행기 연료는 비용이 많이 들고 환경을 해쳐요. 비행기가 가벼우면 더 적은 연료로 비행할 수 있지요. 오늘날 비행기는 무게를 줄이기 위해 많은 플라스틱 부품을 사용해요.

필수 플라스틱 → 54

튼튼한
일부 플라스틱은 생명을 구할 수 있어요. 플라스틱으로 오토바이 헬멧과 기타 안전 장비를 튼튼하고 안전하게 만들 수 있어요.

차량 부품
대형 트럭의 범퍼에서 제어 장치에 이르기까지 부품의 1/3은 플라스틱으로 만들어져요. 플라스틱 부품이 대부분의 다른 재료들로 만든 부품보다 가볍기 때문이에요.

저렴한
폴리스타이렌과 같은 플라스틱은 값도 싸고 여러 가지 모양으로 만들 수 있어요. 컴퓨터나 텔레비전과 같은 값비싼 제품들을 보호하는 포장재로 사용되지요.

포장용 땅콩
압축 가능한 스티로폼 플라스틱으로 만든 포장용 땅콩 조각들이 비싸거나 깨지기 쉬운 물건들 사이의 공간을 채워요. 포장용 땅콩은 상자가 부딪치면서 발생하는 충격을 흡수해 물건을 보호해요.

플라스틱과의 관련성

플라스틱은 뛰어난 장점이 많아요. 튼튼하고 단단해서 물건과 사람을 보호하고, 싸고 가벼워서 물건을 안전하고 쉽게 운반할 수 있어요.

모양을 원하는 대로

많은 재료와 비교했을 때, 플라스틱은 매우 유연해요. 플라스틱은 거의 모든 형태나 물체로 가공될 수 있어요. 예를 들면 매일 수백만 개의 플라스틱 빨대와 파이프, 그리고 튜브가 생산되는데 이는 압출이라는 공정을 통해 이루어져요. 부드러운 플라스틱이 기계의 노즐을 통과하며 압착되어 긴 가닥으로 만들어지지요. 압출은 플라스틱을 여러 가지 다양한 모양으로 공정하는 과정 중 하나예요.

얇은 시트
샤워 커튼이나 합성 섬유에 쓰이는 얇은 플라스틱 시트는 가열된 부드러운 플라스틱을 캘린더라고 부르는 무거운 롤러 사이에서 압착해 만들어요.

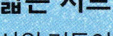

열가소성 플라스틱
열가소성 플라스틱은 열을 가하면 부드러워지고 식으면 단단해져요. 이러한 성질 덕분에 원하는 형태와 모양으로 만들 수 있고, 여러 번 다시 가열할 수 있으며, 일반적으로 재활용도 가능해요.

진공 성형된 제품들
플라스틱 자전거 헬멧, 요거트 용기, 욕조 등은 진공 성형을 통해 만들어져요. 플라스틱 시트를 부드러워질 때까지 가열하여 성형 틀 위에 놓고 대기 압력 작용을 이용해 틀 모양대로 만드는 방법이에요.

중공 플라스틱
중공 성형으로는 식물의 화분, 병 등의 플라스틱 제품을 만들어요. 액체 플라스틱이나 가열된 부드러운 플라스틱을 성형 틀 안에 넣고 압축 공기를 불어 넣어 플라스틱이 성형 틀의 벽에 달라붙도록 해 원하는 모양을 만들지요.

장점 31

플라스틱 섬유
옷을 만드는 일부 섬유는 사실 플라스틱이에요. 작은 구멍들이 많은 체 모양의 기계에 플라스틱을 통과시켜 섬유를 만들어요.

마이크로 섬유 → 37

단단한 플라스틱
가장 일반적인 플라스틱 성형 방법은 액체 플라스틱에 압력을 가해 성형 틀 안에 주입하는 거예요. 이 방법은 모형 장비, 장난감, 그리고 헤어드라이어와 같은 전기 제품을 만드는 데 사용해요.

3D 인쇄
3D로 인쇄된 플라스틱은 수백 또는 수천 개의 층으로 만들어져요. 가열된 플라스틱 와이어로 얇은 층을 쌓아 올려 3차원으로 물체를 만들지요.

공업용 플라스틱
냄비와 프라이팬 손잡이, 그릇, 자동차 부품과 같은 강한 플라스틱은 압축 성형으로 만들어져요. 가열된 플라스틱을 성형 틀 안에서 압착하지요.

액체 플라스틱
일부 플라스틱은 액체 상태로 보관돼요. 다른 물질과 혼합해 액체 페인트나 접착제를 만든답니다.

플라스틱과의 관련성

플라스틱은 다양한 공정 방식으로 원하는 대로 모양을 만들고 성형할 수 있어요. 이것이 바로 많은 플라스틱 제품이 생산되는 이유 중 하나랍니다.

플라스틱이
왜 바다에 있을까?

플라스틱이 생산된 이후로 약 90억 톤 이상의 플라스틱이 만들어졌어요. 플라스틱은 육지에서 생산되지만 대부분은 결국 바다로 향하게 돼요. 매년 적어도 800만 톤의 플라스틱이 전 세계 바다로 흘러 들어가지요!

플라스틱 바다

바다에 있는 플라스틱 폐기물 중 약 20%는 바다에 버려지거나 분실된 거예요. 나머지는 전 세계 수많은 하천과 강을 따라 바다로 들어가지요.

자연적 이동

바람, 비, 그리고 육지에서 흐르는 물은 플라스틱을 강과 하천으로 운반해요. 강으로 흘러 들어간 플라스틱 폐기물은 다시 바다로 향해요.

하수구 — 34

수로 — 35

인간의 활동

처리하기 힘든 플라스틱 폐기물은 바다에 버려지기도 해요. 이로 인해 바다에 플라스틱이 축적되지요.

미세 플라스틱 — 36

투기 — 38

쓰레기 — 39

바다로 떠나는 여행

바다에 있는 플라스틱 대부분은 전 세계 강과 하천을 통해 바다로 들어와요. 높은 지역에서 낮은 지역으로 흘러내려 결국 바다에 도착하지요. 땅에 버려진 쓰레기와 플라스틱은 종종 바람과 비에 의해 수로나 배수구로 이동한 다음, 강으로 흘러가거나 바로 바다로 빠져나가요.

쉽게 날아가는
대부분의 플라스틱 쓰레기는 아주 가벼워서 먼 거리를 쉽게 날아가 종종 강이나 바다까지 도달할 수도 있어요.

배수구로
변기에 버려진 물티슈나 일회용 기저귀, 그 외의 플라스틱 폐기물들이 하수 처리장으로 들어가요. 이들은 하수도를 막히게 하거나 하수 처리장에서 처리되기까지 많은 시간과 에너지를 소비해요. 일부 지역에서는 플라스틱 폐기물을 포함한 폐수가 바다로 직접 쏟아져 들어가요.

미세 플라스틱

필터를 통과해 흐름
미세한 플라스틱 입자들은 하수도 필터를 통과해 정화된 물과 함께 바다로 흘러나오기도 해요.

36

미세 플라스틱

미세 플라스틱은 작지만 큰 문제를 발생시키고 있어요. 겨우 5밀리미터가 되지 않는 이 작은 플라스틱 조각들은 수조 개의 단위로 바다를 오염시키고 있어요. 미세 플라스틱은 바닷물을 흐리게 하고, 수중 식물과 플랑크톤이 성장하는 데 필요한 햇빛을 막아요. 또한, 바다 생물의 몸속으로 들어가 장기를 막을 수도 있어요. 미세 플라스틱은 다양한 방식으로 만들어져 바다로 옵니다.

고무 부스러기

자동차 타이어는 도로에서 마모되면서 아주 작은 플라스틱 파편을 생성해요. 이 파편 중 일부는 배수구나 강으로 씻겨 내려가 결국 바다로 흘러가요.

바다 위의 너들

작은 플라스틱 알갱이(너들)들은 공장에서 사용되고 쓰레기로 버려지거나 우연히 바다에 떨어질 수도 있어요. 배가 충돌할 경우에도 많은 양의 플라스틱 너들이 바다에 가라앉아요.

사고

폴리스타이렌

폴리스타이렌으로 만든 컵과 포장재는 쉽게 작은 조각으로 부서져, 바람이나 물에 의해 강과 바다로 들어갈 수 있어요.

인간의 활동 37

플라스틱 없이 씻기 → 59

마이크로비즈
일부 국가에서 만드는 치약, 화장품, 그리고 자외선 차단제에 미세 플라스틱의 하나인 마이크로비즈가 들어 있을 수 있어요. 이들이 씻겨 나가면 하수도를 통해 바다로 들어가요.

마이크로 섬유
플라스틱으로 만든 직물에서는 세탁할 때마다 수천 개의 마이크로 섬유가 빠져나가요. 사람의 머리카락보다 얇은 마이크로 섬유는 세탁기와 하수 처리장을 통과해 바다로 흘러가요.

바다에서 생성된 미세 플라스틱
바다로 들어간 큰 플라스틱들은 햇빛에 노출되어 약해지고 파도에 부딪혀 충격을 받으면서 조각으로 부서져요. 시간이 지나면 조각들은 점점 더 작아져 결국 미세 플라스틱이 되지요.

플라스틱과의 관련성
미세 플라스틱은 여러 가지 방법으로 형성되지만 대부분은 마모와 손상 때문에 발생해요. 미세 플라스틱은 아주 작기 때문에 바다로 흘러들어 가는 것을 막기 어려워요.

인간의 활동

해안에서 해저까지

바다에 있는 플라스틱 폐기물이 수면에만 떠 있는 것은 아니에요. 많은 양이 해변과 해안가로 떠밀려 가면서 냄새나고 보기 흉하며 잠재적으로 더 해로울 수 있어요. 또한 바다 아래로 깊숙이 떨어져 감지하기 어려울 수 있어요. 바다의 플라스틱 폐기물 문제가 눈에 보이는 것보다 훨씬 더 심각할 수도 있다는 뜻이죠.

바다 위의 플라스틱
수십만 대의 선박들이 바다를 항해하며 물고기와 해산물을 잡아요. 선박들은 종종 망가진 플라스틱 그물, 밧줄, 덫, 그리고 바구니를 바다에서 잃어버리기도 하고 바다에 버리기도 하지요. 고스트 기어라고 부르는 이 어업 장비들이 바다를 쓰레기로 가득 메워요.

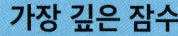

바다 미세 플라스틱

바다 밖
바다에서는 미세 플라스틱과 큰 플라스틱 폐기물들이 서로 다른 깊이에서 쓰레기 층을 형성해요. 어떤 폐기물들은 깊은 수면 아래에 있어 위치를 파악하기가 어렵기도 해요.

가장 깊은 잠수
2019년 심지어 지구 해저의 가장 깊은 지점인 챌린저 딥에서도 비닐봉지, 사탕 포장지 같은 플라스틱 쓰레기들이 발견되었어요.

바닷속 깊은 곳
일부 플라스틱은 바다 바닥으로 가라앉을 만큼 무겁고 밀도가 높아요. 가라앉은 플라스틱은 바다 식물과 생물에 엉겨 붙어 해를 끼쳐요.

플라스틱이 바다를 얼마나 해칠까?

과학자들은 여전히 바다에 끼치는 플라스틱의 영향에 관해 연구 중이에요. 그러나 플라스틱이 바다 오염을 유발하고 바다 환경을 훼손하는 것은 분명해요. 과학자들은 또한 생물체의 몸에 얼마나 많은 플라스틱이 흡수되고 있는지, 그것이 먹이 사슬에 어떤 해를 끼치는지도 알아내고 있어요.

하나로 연결된 해류

바다는 지구 표면의 약 70%를 덮고 있어요. 태평양, 대서양, 인도양, 북극해, 남극해 등 5개의 대양이 있지만 사실상 바다는 모두 연결된 커다란 하나예요. 바닷물의 흐름인 해류가 대양 사이로 바닷물을 이동시키지요. 이는 바닷속에 들어온 플라스틱 폐기물이 세계 어디든 갈 수 있다는 것을 의미해요.

바다로

오래된 플라스틱

북태평양 위의 거대한 쓰레기 더미를 일컫는 태평양 거대 쓰레기 지대(쓰레기 섬)는 1997년에 발견되었어요. 하지만 50년도 더 된 플라스틱 상자들이 이 쓰레기들 사이에서 발견되었죠.

플라스틱 쓰레기 섬

쓰레기 섬은 하와이와 미국 해안 사이에 있어요. 수십억 개의 플라스틱 쓰레기들이 표면 아래 잠겨 있어서 정확한 측정은 어렵지만, 이 플라스틱 쓰레기 섬의 면적은 프랑스의 최대 3배에 이를 것으로 보여요.

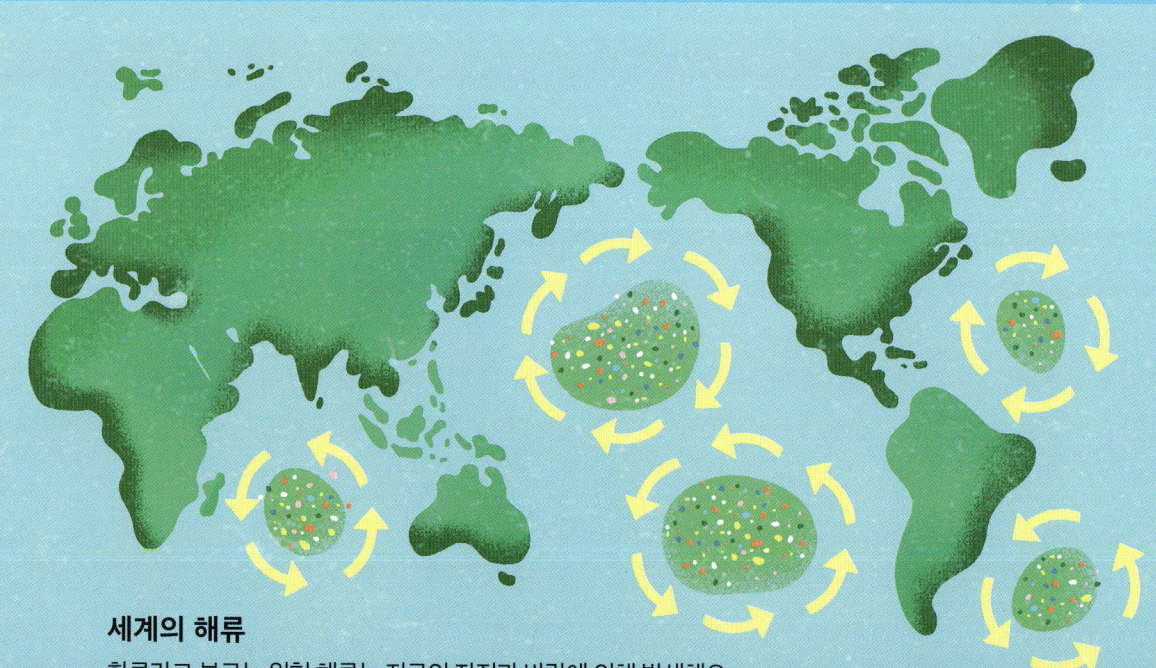

세계의 해류

환류라고 부르는 원형 해류는 지구의 자전과 바람에 의해 발생해요. 주요 환류는 5개가 있어요. 플라스틱 폐기물들은 소용돌이치는 환류에 휘말리고 종종 환류의 중심에 모여 쓰레기 지대를 형성해요.

오염 43

우연히 발견된

쓰레기 섬은 1997년 요트를 타고 지나가던 한 사람에 의해 발견되었어요. 연구에 따르면 더 많은 플라스틱이 바다에 버려지면서 쓰레기 섬이 점점 더 커지고 있다고 해요.

플라스틱 섬

버려진 그물, 병, 기타 대형 플라스틱 폐기물들이 쓰레기 섬을 형성해 뒤엉켜 떠다녀요. 쓰레기 위에서 자라는 해조류로 인해 악취가 심해요.

바다로 떠밀려 간

1992년 태평양을 항해 중이던 화물선에서 폭풍으로 인해 약 3만 개의 플라스틱 목욕 장난감이 들어 있던 컨테이너가 바다로 떨어졌어요. 플라스틱 오리, 거북이, 개구리들은 호주, 알래스카, 유럽, 그리고 남아메리카의 해안에 도달했지요. 이는 해류가 물건을 얼마나 멀리까지 운반할 수 있는지 보여 주는 사례예요.

바다 생물의 몸속 플라스틱

46

플라스틱 수프

대부분의 바다 쓰레기섬에는 수면에 수십억 개의 작은 미세 플라스틱들이 떠 있어요. 미세 플라스틱은 더러운 수프처럼 바다를 오염시키고 있어요.

플라스틱과의 관련성

플라스틱 쓰레기는 해류에 의해 대양을 따라 전 세계로 퍼지고 있어요. 바다 쓰레기 섬의 거대한 크기는 얼마나 많은 플라스틱이 바다를 오염시키고 있는지를 잘 보여 줘요.

바다 생물

지구의 바다는 놀라운 생명체들의 보물 창고예요. 특히 산호초가 있는 얕은 수역에는 아주 많은 바다 생물이 살고 있어요. 이 풍부한 서식지는 전 세계 대양의 1% 미만에 불과하지만, 모든 바다 생물의 약 20%가 서식하고 있어요. 그런데 현재 산호초 지대를 비롯한 여러 구역이 플라스틱 폐기물에 위협받고 있어요. 매년 100만 마리 이상의 물고기가 플라스틱으로 인해 죽고 있으며, 플라스틱은 1950년 이후로 바닷새의 수가 2/3로 줄어든 원인 중 하나이기도 해요.

가짜 먹이

바닷새들은 떠다니는 플라스틱 조각을 물고기 알로, 색깔 있는 플라스틱을 작은 물고기로 착각하기도 해요. 날카로운 플라스틱을 한번 삼키는 것만으로도 새의 장기를 상하게 하거나 배를 막히게 할 수 있어요. 이제 대부분의 바닷새 몸속에는 플라스틱이 있어요.

붉은발슴새가 플라스틱 병뚜껑을 먹이로 착각해 새끼들에게 먹여요.

플라스틱에 피는 해조류

오랜 시간 동안 바다에 머문 플라스틱에서 해조류가 자라요. 해조류는 물고기와 새들의 먹이와 비슷한 냄새를 풍겨요. 배고픈 생물들은 해조류와 플라스틱을 함께 먹기도 하지요.

위험한 플라스틱

어떤 물고기들은 플라스틱 폐기물에 갇혀서 자유롭게 헤엄치지 못해요. 많은 물고기가 플라스틱으로 인해 입, 아가미, 그리고 위가 막혀 숨을 못 쉬고 먹지 못해 죽어요.

해산물 속 플라스틱

상처 입는 산호

플라스틱은 산호가 잘 자라는 데 필요한 햇빛을 차단해요. 단단한 플라스틱은 산호의 외부 표면을 손상시키기도 하고요. 일부 플라스틱은 해로운 박테리아를 운반해 산호가 병에 감염될 위험도 있어요.

오염 45

해양 동물에게 끼치는 피해

물속에서의 위협
물속으로 다이빙하거나 수영하는 바닷새들은 수면에 떠다니는 플라스틱 쓰레기에 휘말릴 수 있어요. 빠져나오지 못하는 일부 바닷새들은 수면으로 돌아가려고 몸부림치다가 바다에 빠져 죽기도 해요.

플라스틱과의 관련성
플라스틱 폐기물의 위험성은 바다에서 가장 크게 느껴져요. 플라스틱의 장점과 단점이 만들어 내는 끔찍한 위협은 모든 종류의 해양 생물을 괴롭히고 있어요.

소화되지 않는 플라스틱
바다 동물이 실수로 삼킨 비닐봉지나 링 홀더는 소화되지 않아요. 이 플라스틱들은 바다 동물의 위와 내장에 머무르며, 바다 동물들이 정상적으로 먹는 것을 방해해요

위험한 바다거북
매년 수천 마리의 바다거북이 플라스틱 때문에 죽어요. 플라스틱 줄과 그물에 얽히거나, 비닐봉지를 해파리로 오해해 먹다가 숨이 막혀 죽는 거예요.

미세 플라스틱 먹이 사슬

일반적으로 사람들은 1년에 최소 5만 개의 미세 플라스틱을 먹고, 심지어 호흡으로 들이마시기도 해요. 사람들이 먹는 미세 플라스틱의 대부분은 미세 플라스틱을 섭취한 동물을 먹는 것에서 비롯돼요. 미세 플라스틱은 사라지지 않고 우리 몸에 축적돼요. 과학자들은 우리 몸 안에서 미세 플라스틱이 어떤 해를 끼칠지 조사하고 있어요. 많은 과학자들은 미세 플라스틱이 세포를 손상시키고, 우리의 몸이 질병과 싸우는 방식과 호흡에 영향을 미칠 수 있다고 말해요. 플라스틱에서 나오는 화학 물질은 심지어 성장에도 나쁜 영향을 미칠 수 있어요.

동물성 플랑크톤

1단계 먹이 동물
수조 단위로 존재하는 작은 동물성 플랑크톤은 해양 먹이 사슬의 첫 번째 먹이 동물이에요. 동물성 플랑크톤은 식물 플랑크톤과 함께 물을 흡수하다 미세 플라스틱을 먹어요.

크릴새우

고등어는 크릴새우와 함께 크릴새우 몸 안에 들어 있는 미세 플라스틱을 먹어요.

참치

더 높은 단계의 먹이 동물
고등어는 크릴새우를 먹고 참치는 고등어를 먹고, 사람은 참치를 잡아먹으며 미세 플라스틱이 전달돼요.

해양 먹이 사슬
먹이 사슬은 생태계에서 먹이를 중심으로 이루어진 생물들의 생존 방식이에요. 생물들은 먹이 사슬에 의해 생존에 필요한 에너지와 영양소를 얻어요. 먹이 사슬은 일반적으로 식물에서 시작되는데 식물은 영양분을 스스로 만들어 내요. 동물이 식물이나 다른 동물을 먹을 때 에너지는 먹이 사슬을 따라 전달돼요.

2단계 먹이 동물
2단계 먹이 동물은 더 큰 바다 동물로 예를 들어, 새웃과인 크릴새우가 동물성 플랑크톤을 먹어요. 1단계 먹이 동물을 통해 2단계 먹이 동물 내부로 미세 플라스틱이 축적되고 더 높은 단계의 먹이 동물로 전달돼요.

바다 청소하기
51

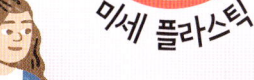

해산물

우리가 해산물을 먹을 때 미세 플라스틱을 먹을 가능성이 있어요. 현재 약 3/4에 해당하는 바닷속 물고기가 몸속에 미세 플라스틱을 가지고 있을 거라고 추정해요.

플라스틱 물

병에 담긴 물과 수돗물에서도 미세 플라스틱 입자들이 발견되었어요. 대부분의 미세 플라스틱은 그 크기가 너무 작아서 눈으로는 확인하기 어려워요.

소금

여러분이 음식에 소금을 뿌리면 음식에 미세 플라스틱도 더해질 수 있어요. 미세 플라스틱은 많은 종류의 바다 소금에서도 발견되었어요. 바다 소금은 바닷물을 증발시켜 만드는데, 이 과정에서 소금뿐 아니라 미세 플라스틱도 함께 남는 거예요.

플라스틱과의 관련성

바다에 사는 동물들은 먹이 사슬에 따라 다른 동물을 먹고 결국에는 미세 플라스틱이 해산물을 먹는 사람의 몸에 전달돼요. 미세 플라스틱은 우리 몸에 쌓이면서 화학 물질을 방출해 성장과 건강에 해를 끼칠 수 있어요.

어디서부터 문제를 해결해야 할까?

우리는 플라스틱에 의존하지 않는 미래를 만들어 가야 해요. 하지만 그전에, 플라스틱이 육지와 바다에 끼친 위험을 해결해야 해요. 이미 발생한 피해를 이전으로 되돌리고 지금 우리가 사용하는 플라스틱의 양을 줄여야 해요.

플라스틱 사용 줄이기

지구상의 플라스틱 양을 줄이는 것은 큰 도전이자 과제예요. 이를 위해서는 사람들, 지역 사회, 국가가 힘을 합쳐 플라스틱 폐기물을 수거하고, 플라스틱을 덜 사용하는 큰 결심이 필요해요.

정리하기

이미 지구를 오염시키고 있는 플라스틱 폐기물을 정리해야 해요. 자선 단체, 지역 사회, 그리고 과학자들이 함께 노력하고 있어요.

청소  — 50

기술  — 52

플라스틱 사용 줄이기

플라스틱 사용은 법을 새로 만들고 세금을 부과해 줄일 수 있어요. 국가는 사람들의 소비 습관을 변화시키고 플라스틱 대체재를 만드는 데 앞장서야 해요.

새로운 법  — 54

금지와 세금  — 55

청소하기

플라스틱은 나무에 걸린 비닐봉지에서부터 음식 안에서 발견되는 미세 플라스틱에 이르기까지 어디에나 퍼져 있어요. 대개 처음 버려진 곳에서 먼 곳까지 이동하지요. 어딘가의 플라스틱 폐기물을 청소하는 것은 적지 않은 시간과 노력이 필요하지만 많은 사람이 가치 있는 일이라고 느끼고 있어요. 플라스틱 청소는 사람과 생물에게 그곳을 더 아름답고 덜 위험한 장소로 만들어 준답니다.

누가 비용을 내야 할까?
많은 사람이 플라스틱을 치우기 위한 비용을 정부와 플라스틱을 생산하는 회사가 내야 한다고 생각해요.

쓰레기를 줍는 사람들
대부분의 플라스틱 쓰레기 청소는 쓰레기를 모으고 분류해 돈을 버는 사람들, 자신의 여가를 할애하는 자원 봉사자들, 그리고 재활용 회사들이 해요. 플라스틱 쓰레기 청소는 공공장소를 플라스틱이 없는 깨끗한 곳으로 만들어요.

플라스틱 줍기
마을 주민들, 자선 단체, 학교 또는 지역 사회는 자신들의 지역을 청소하는 행사를 열 수 있어요. 필요한 것은 안전 장갑, 쓰레기 봉지, 그리고 쓰레기 줍는 도구뿐이지요.

PET
페트(폴리에틸렌 테레프탈레이트) 병은 청소할 때 발견되는 가장 흔한 플라스틱 중 하나예요.

정리하기

드론 사용하기
드론을 교육해 플라스틱 오염이 발생한 곳을 인식하고 지도를 그리도록 하고 있어요. 드론 카메라는 다양한 종류의 플라스틱 폐기물을 식별할 수 있어요.

해양 쓰레기

바다 청소하기
자원 봉사자들은 보트, 카약, 뗏목 등을 이용해서 강, 하천, 호수에 있는 플라스틱을 건져 내요. 일부 수로에는 트랩이라고 부르는 긴 장치와 그물을 설치해서 플라스틱 폐기물이 한곳으로 모이도록 해요.

청정 해안
많은 단체가 해변과 해안에서 쓰레기를 주워요. 매년 9월 셋째 주에 진행되는 전 세계적인 해양 환경 보전 행사인 국제 정화연안의 날에는 약 백만 명의 사람들이 참여해 해변과 해안의 플라스틱 쓰레기를 주워 종류별, 제품별로 분류해요.

고밀도 폴리에틸렌(HDPE)은 종종 재활용돼요.

폴리프로필렌(PP)으로 만든 병뚜껑과 식품 포장재도 자주 발견되는 플라스틱 쓰레기예요.

수집하고 기록하기
해안을 청소하는 단체들에 의해 기록된 정보는 플라스틱 오염을 연구하는 과학자들에게 도움을 줘요. 과학자들이 플라스틱 오염의 심각성을 더 명확하게 파악하는 데 꼭 필요하지요.

플라스틱과의 관련성
플라스틱이 우리의 육지와 바다를 오염시키고 있어요. 우리 주변과 공공장소, 해안을 청소해 플라스틱 폐기물을 정리하면 더 건강하고 살기 좋은 장소를 만들 수 있어요.

과학 기술

엔지니어와 과학자들은 플라스틱 문제를 해결하기 위해 새로운 화학 물질과 기술을 개발하려고 열심히 노력하고 있어요. 어떤 이들은 강, 바다, 해안에서 플라스틱 쓰레기를 제거할 수 있는 기계를 만들고 있으며, 어떤 이들은 플라스틱을 더 쉽게 재활용하거나 환경적으로 분해할 방법을 찾고 있지요. 이러한 기술들이 잘 개발되어 쓰인다면 좋은 결과를 만들 수 있을 거예요.

버블 커튼

이 영리한 운하 청소기는 물속에서 공기 거품을 뿜어내요. 물고기는 통과할 수 있지만, 플라스틱은 통과할 수 없는 공기 거품 커튼이지요. 위로 공기 방울이 올라가면서 플라스틱을 수면 위로 운반해 수집하고 청소할 수 있어요.

강 청소부

'웨이스트 샤크'라는 청소 로봇은 해상에 떠다니는 쓰레기를 기계 위로 수거하며 돌아다니도록 설계되었어요. 어떤 청소 로봇은 하루 450킬로그램 이상의 쓰레기를 모으는데 대부분이 플라스틱이에요.

수상 플라스틱 제거기

강, 호수, 해안, 바다에서 플라스틱 쓰레기를 수집하는 특별한 보트가 있어요. 컨베이어 벨트를 통해 플라스틱 폐기물을 큰 봉투에 담아 수집해요.

새로운 아이디어
67

정리하기

플라스틱을 먹는 박테리아
최근 발견된 어떤 박테리아와 곰팡이는 PET와 같은 플라스틱을 분해하는 특별한 화학 물질을 생산해요. 과학자들은 이러한 화학 물질로 플라스틱 오염을 해결할 방법을 연구하고 있어요.

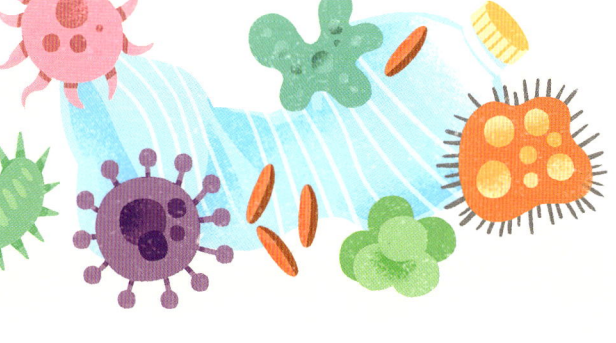

플라스틱 분해하기
화학자들은 기존 플라스틱에 화학 물질을 첨가하는 실험을 하고 있어요. 버려진 플라스틱이 훨씬 더 빨리 썩게 만들어 플라스틱 쓰레기 문제를 줄일 수 있도록 말이죠.

드론

해변용 진공청소기
특수한 진공청소기가 해변에서 모래를 빨아들여 그 안에 있는 플라스틱을 걸러내요. 물에 뜬 플라스틱은 수거하고 가라앉은 모래와 돌멩이는 다시 해변으로 되돌려 보내는 원리랍니다.

배가 정기적으로 플라스틱 폐기물을 운반해요.

C자형 장치는 천천히 움직이면서 플라스틱이 떠내려가는 것을 차단해요.

오션 클린업
네덜란드의 한 십 대 소년이 발명한 이 2천 미터 길이의 장치는 바다 쓰레기를 수거해요. 해류를 따라 이동하며, 떠다니는 수많은 플라스틱을 모아요.

플라스틱과의 관련성
과학 기술은 플라스틱 청소와 분해를 도울 수 있지만, 모든 플라스틱 문제를 해결할 수는 없어요. 가장 좋은 방법은 우리가 처음부터 너무 많은 플라스틱을 사용하지 않는 거예요.

54 플라스틱 사용 줄이기

플라스틱 사용 금지하기

플라스틱이 그렇게 해롭다면 왜 국가가 플라스틱을 금지하지 않는 걸까요? 이 문제는 그렇게 간단하지 않아요. 플라스틱은 가볍고 저렴한 점을 포함해 많은 이유로 생산자와 소비자 모두에게 인기가 있어요. 일부 플라스틱은 다른 물질로는 대체할 수 없기 때문에 필수적이기도 하고요. 모든 플라스틱의 생산과 사용을 금지하는 것은 어렵겠지만 많은 국가가 일부 플라스틱, 특히 일회용 제품의 판매 또는 사용을 금지하거나 제한하기 시작했어요.

필수 플라스틱

충격 흡수 헬멧 같은 일부 플라스틱은 안전성을 높여 주기 때문에 계속 사용될 가능성이 커요. 플라스틱은 가볍고 위생적이기 때문에 의료용품에도 계속 사용될 거예요.

플라스틱 사용 반대하기

캠페인은 사람들에게 플라스틱의 문제점에 대해 알려 줘요. 이를 통해 정부나 기업들이 플라스틱이 들어가지 않은 제품을 설계하도록 장려할 수 있어요.

일회용

10

적정한 가격의 대체품 만들기

플라스틱은 대부분의 물건을 만드는 데 가장 저렴한 재료예요. 플라스틱이 아닌 다른 재료를 사용하면 제품 가격이 올라가서 제품 생산과 소비가 어려워져요. 대체할 재료로 더 저렴하게 만드는 방법을 찾아야 해요.

일부 활동가들은 기업들이 새로운 플라스틱 제품을 만드는 양을 제한할 것을 요구하고 있어요.

새로운 법

일부 국가들은 플라스틱 빨대와 용기 및 접시 같은 특정 플라스틱 품목을 금지했어요. 또한 90개 이상의 국가들이 일회용 비닐봉지를 금지하는 법을 도입했어요.

플라스틱 사용 줄이기

세계 협약
유엔은 플라스틱 오염에 관한 전 세계적인 조약을 만들기로 합의했어요. 모든 국가는 플라스틱이 어디에서 어떻게 사용되는지를 신중히 검토해야 하지요.

플라스틱 덜 판매하기
슈퍼마켓이나 마트에서는 플라스틱을 줄이기 위해 더 많은 것을 할 수 있어요. 재사용 가능한 포장재로 식품을 판매하거나, 소비자가 직접 쓰던 용기를 가져와 음료, 파스타, 샴푸 그 외의 제품들을 사고 보충하게 할 수 있어요.

플라스틱과의 관련성
국가와 기업은 전 세계적으로 플라스틱 사용을 크게 줄일 힘을 가지고 있어요. 일부 플라스틱 제품에 대한 금지와 세금 부과는 플라스틱 오염을 막는 방법 중 하나예요.

다른 포장재
일부 기업들은 포장재에 플라스틱을 덜 사용하거나 아예 사용하지 않는 방법을 찾고 있어요. 플라스틱을 종이로 대체하거나 플라스틱 링 홀더를 사용하는 대신 캔을 서로 붙이는 방법 등이죠.

랩 포장 금지하기
일부 국가들은 개별 과일과 채소를 싸는 식품 포장용 비닐 랩 사용을 금지했어요. 그러한 국가의 마트에서는 랩으로 포장되지 않은 제품들이 있는 플라스틱 없는 구역이 있어요.

장바구니를 사용하세요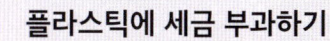

플라스틱에 세금 부과하기
1990년대 이후 많은 국가가 비닐봉지에 세금을 부과하고 있어요. 일회용 플라스틱 제품에 비용을 부과함으로써 사용을 줄이는 것이지요.

플라스틱 사용을 멈출 수 있을까?

플라스틱은 우리가 사고, 사용하고, 버리는 많은 물건의 일부가 되었어요. 우리는 플라스틱에 너무 익숙해져서 다른 선택지가 있다는 것을 생각하지 못할 때도 있어요. 하지만 찾아본다면 충분한 대안이 있어요.

플라스틱 사용을 멈춰요

기업들은 플라스틱 제품이 계속 팔리면 플라스틱 제품을 계속 만들어 팔 거예요. 우리가 플라스틱을 사용하지 않은 제품을 선택함으로써, 기업들이 플라스틱 제품을 생산하는 것을 막을 수 있어요.

덜 사용해요

가능하면 플라스틱 제품을 사용하지 마세요. 플라스틱이 버려지지 않도록 훨씬 더 많이 재사용하고 재활용하세요.

다시 쓰고 고쳐 씨요
 — 58

피해요
 — 59

재활용해요
 — 60

재료

플라스틱을 대신할 재료를 찾아 사용하세요. 플라스틱이 덜 필요한 새로운 생활 방식을 찾아야 해요.

전통적인
 — 62

대체재
 — 63

플라스틱 덜 사용하기

플라스틱 사용과 낭비를 줄이기 위해 우리가 할 수 있는 일들이 많아요. 새로운 것을 사지 않고, 이미 가지고 있는 것을 재활용하고 재사용하는 것만으로도 충분해요. 또한, 빨대와 비닐봉지 같은 일회용 플라스틱이나 포장재를 쓰지 않는 것도 좋은 방법이에요. 심지어 플라스틱 함량이 더 적은 물건을 선택하는 것도 도움이 되지요. 조금만 생각하고 노력하면 플라스틱을 얼마나 많이 줄일 수 있는지 놀랄 거예요.

플라스틱 옷을 피하세요
많은 새 옷에는 플라스틱이 포함되어 있어요. 옷을 덜 사고, 몇 번만 입고 버리지 마세요. 대신 옷을 더 오래 입거나, 친구들과 교환하거나, 중고 제품을 구매해 봐요.

다른 포장재

플라스틱병과 용기를 재사용하는 것은 새로운 플라스틱 제품을 사지 않는 현명한 방법이에요.

다시 사용해요
일회용 플라스틱 대신 재사용할 수 있는 제품을 선택함으로써 플라스틱 쓰레기를 줄일 수 있어요. 텀블러 등 재사용이 가능한 병을 사용해 물을 마시면 일회용 물병을 한 번 사용하고 버리는 것을 피할 수 있지요.

플라스틱 재가공하기
쓰레기통으로 향하는 플라스틱은 유용한 물건으로 변해서 제2의 생명을 얻을 수 있어요. 플라스틱으로 새 모이통, 연필꽂이, 수납함 등을 만들어 보세요.

덜 사용해요 59

플라스틱과의 관련성

사람들이 함께 일상에서 사용하는 플라스틱을 줄인다면, 그 변화는 아주 클 거예요. 플라스틱 저함량 혹은 제로 플라스틱 제품을 선택하는 것은 기업들을 움직이는 힘이 될 수 있어요.

다시 쓰고 고쳐 써요

고장 났거나 제대로 작동하지 않는 물건을 곧바로 버리지 마세요. 이 물건들은 플라스틱을 포함하고 있는 새로운 제품을 구매하는 것보다 종종 더 쉽고 저렴하게 수리할 수 있답니다.

플라스틱 없이 씻기

미세 플라스틱이 들어 있는 물건을 사지 마세요. 액체 타입의 비누와 샴푸 대신 고체 타입을 사용해 보세요. 이러한 고체 제품은 다 쓰고 나면, 버리거나 재활용해야 할 플라스틱병이 없어요.

장바구니를 사용하세요

장을 보러 가기 전, 장바구니를 챙기세요. 아니면 집에서 재사용이 가능한 용기를 가져와 제품을 담아 감으로써 플라스틱 사용을 줄여요.

헌 옷을 다시 써요
68

재활용

만약 플라스틱 제품을 수리하거나 재사용할 수 없다면, 그다음으로 여러분이 할 수 있는 가장 좋은 방법은 재활용이에요. 플라스틱을 재활용하면 새로운 플라스틱을 만드는 데 들어가는 일부 에너지와 자원을 절약할 수 있어요. 과도한 플라스틱 쓰레기가 버려지는 것도 막을 수 있지요. 지금까지는 모든 플라스틱 중에서 단 9%만이 재활용되었다고 해요. 플라스틱을 재활용하는 것은 시간과 에너지가 필요하지만, 새로운 플라스틱 생산을 줄이는 가치 있는 일이에요.

플라스틱 폐기물

플라스틱 재활용 과정은 흔히 쓰레기차가 폐기물을 수거하면서부터 시작돼요. 재활용되는 폐기물은 재활용 센터로 운반되지요.

쓰레기 분리

쓰레기를 분리해서 재활용을 시작하세요. 플라스틱을 버릴 때는 분리 수거함에 있는 재활용 상자에 넣어야 해요.

플라스틱의 종류

플라스틱 제품의 표시 사항을 보면 삼각형 안과 밖에 종류가 표시되어 있어요. 이 삼각형이 플라스틱의 종류와 재활용 가능 여부를 알려 줘요.

PET
(폴리에틸렌 테레프탈레이트)
음료수병, 포장 용기

HDPE
(고밀도 폴리에틸렌)
우유병, 샴푸 병

PVC
(폴리염화비닐)
튜브, 파이프, 욕실화

LDPE
(저밀도 폴리에틸렌)
쇼핑백, 포장용 랩, 비닐봉지

PP
(폴리프로필렌)
병뚜껑, 장난감, 빨대

PS
(폴리스타이렌)
포장재, 뜨거운 음료 컵, 포장용 땅콩

OTHER
(다른 유형의 플라스틱)
CD, 아크릴 의류, 나일론 칫솔

덜 사용해요 61

일부 플라스틱들은 재활용할 수 없어요. 그러면 매립지에 쌓이게 되지요.

분류
플라스틱은 재활용 센터에서 정밀히 분류해요. 서로 다른 플라스틱이 재질별로 분리되지요.

가정에서의 재활용

69

파쇄
플라스틱은 기계에 의해 분쇄되거나 더 작은 조각이 되어 컨베이어 벨트를 통과해요.

녹이기
플라스틱이 가열되어 녹으면 이것을 원료가 되는 플라스틱 알갱이(너들)로 만들어요. 이 알갱이들은 새로운 플라스틱 제품을 만드는 공장으로 운송돼요.

세척 및 건조
물 분사기와 건조기가 분쇄된 플라스틱을 청소해요. 추가 분류를 하며 적합하지 않은 재료를 제거하기도 해요.

새로운 플라스틱
플라스틱은 종종 다른 물건으로 재활용돼요. 플라스틱 분자가 재활용 과정에서 살짝 손상되기 때문에, 새로운 플라스틱의 품질이 처음처럼 좋지는 않지만 쓰는 데는 상관없어요.

PET
PET (폴리에틸렌 테레프탈레이트) 플라스틱은 종종 배낭, 카펫 또는 직물 섬유로 재활용돼요.

HDPE
HDPE (고밀도 폴리에틸렌) 플라스틱은 야외용 장난감과 화분으로 재활용될 수 있어요.

플라스틱과의 관련성
재활용은 플라스틱에 새로운 생명을 줘요. 하지만 모든 플라스틱이 재활용되지는 않아서 구매할 때 재활용 마크를 잘 살펴야 해요. 플라스틱을 안 쓸 수 없다면, 우리가 할 수 있는 그다음의 일은 바로 재사용, 재활용하는 거예요!

62 재료

대체 재료

과학자들은 플라스틱 문제를 해결하기 위해 열심히 일하고 있어요. 플라스틱을 대체하기 위한 재료를 개발하려고 노력하고 있지요. 최근에 과학자들은 으깬 귀리나 호두 껍데기가 얼굴 스크럽에 사용되는 플라스틱 마이크로비즈를 대신할 수 있다는 사실을 발견했어요. 그러나 완벽한 대안은 없어요. 장점뿐만 아니라 문제점도 가지고 있기 때문이에요.

대나무

대나무와 같은 식물은 빠르게 성장해요. 몇몇 종류는 하루에 50cm 이상 자라서 20m 이상의 높이에 이르지요. 대나무 줄기에서 나오는 섬유는 양말이나 칫솔모, 플라스틱 면봉과 빨대를 대체할 수 있어요.

다른 포장재

55

판지와 종이

판지를 만드는 데는 플라스틱 포장재보다 더 많은 에너지와 물이 필요해요. 그러나 플라스틱과 달리 판지는 빠르게 생분해되며 더 쉽게 재활용될 수 있어요. 또한, 나무를 많이 심으면 더 많은 판지와 종이를 만들 수 있어요. 플라스틱을 만드는 원료인 석유는 언젠가 바닥날 테니까요.

알루미늄

알루미늄은 가벼운 금속으로 암석에서 채굴해 호일, 캔, 그리고 용기를 만드는 데 사용해요. 알루미늄은 일부 플라스틱 용기를 대체할 수 있으며 여러 번 재활용이 가능하지만 만드는 데 많은 에너지가 필요해요.

옥수수 녹말 플라스틱

옥수수 녹말로 플라스틱을 만들어요. 이 천연 플라스틱은 쓰레기봉투, 개 배설물 봉투, 그리고 일회용 식기로 쓸 수 있어요. 일부 일회용 플라스틱을 대체할 수 있지만 특정 환경에서만 부식된다고 해요.

11 일회용 컵

해조류

지구의 바다에는 수백만 톤의 해조류가 있어요. 그중 일부가 일회용 컵과 식품 포장재를 대체하는 원료가 되고 있어요. 현재 해조류 포장재는 플라스틱보다 훨씬 비싸지만, 단 몇 주 만에 생분해돼요.

카세인 플라스틱

천연 플라스틱인 카세인 플라스틱은 1900년대 소의 우유로 처음 만들어졌어요. 과학자들은 이제 더 단단하고 쉽게 만들 수 있도록 개발하기 위해 노력 중이에요. 카세인 플라스틱은 식품과 음료의 용기를 만드는 플라스틱을 대체할 수 있어요. 카세인 플라스틱은 꽤 빠른 속도로 부식되지요.

플라스틱과의 관련성

플라스틱에 대한 많은 대체재가 이미 존재하거나 개발 중이에요. 플라스틱보다 훨씬 빠르게 생분해되지만 더욱 저렴한 제품을 만드는 데는 더 많은 연구가 필요하지요.

우리가 할 수 있는 일은 무엇이 있을까?

플라스틱 문제는 너무 거대해서 우리가 무엇을 하기에는 어려워 보일 수 있지만, 누구나 플라스틱 문제를 해결하는 데 도움을 줄 수 있어요. 행동을 취하기에 아직 늦지 않았어요. 한 사람 한 사람이 플라스틱 쓰레기를 청소하고, 플라스틱 사용을 줄이는 데 함께함으로서 지구를 보호할 수 있답니다.

다음 단계

국가, 지역 공동체, 개인 모두 플라스틱 문제를 해결하기 위해 책임을 지고 행동해야 해요. 우리가 할 수 있는 방법은 매우 다양해요.

함께하기

사람들이 모여 변화를 요구하고, 새로운 법률을 만들어 플라스틱 사용과 폐기물을 줄이도록 할 수 있어요.

사람들  66

기업  66

정부 67

한 사람 한 사람

플라스틱 제품을 덜 사고, 덜 사용하고, 덜 버리세요. 이 간단한 행동들이 작아 보일 수 있지만 모두 더해지면 큰 변화를 만들 수 있어요.

바꿔 쓰고 고쳐 써요  68

널리 알려 주세요  69

포장재  69

우리 모두 목소리를 모아

사람들은 플라스틱 문제를 해결하기 위해 목소리를 낼 수 있어요. 개인적으로 하거나 단체에 가입을 할 수도 있어요. 일부 단체는 지역의 플라스틱 폐기물을 청소하거나 플라스틱을 줄이기 위한 대안을 제공해요. 어떤 단체들은 플라스틱에 기반한 생활 방식을 바꾸려고 노력하지요. 사람들은 대기업, 정부의 지도자들과 대화를 나눌 수도 있어요. 이렇게 함으로써, 새로운 법을 만들어 플라스틱 생산을 줄이거나 사용을 금지할수 있어요.

바꾸기

모든 곳에서 간단하지만 큰 변화를 만들 수 있어요. 플라스틱 포장재를 줄이거나 플라스틱 재료를 대나무와 종이로 바꿀 수 있어요

마음 변화시키기

많은 단체가 사람들의 마음을 바꾸기 위해 캠페인을 벌여요. 사람들이 플라스틱 문제와 그 해결 방법에 대해 더 잘 알 수 있기를 바라지요.

플라스틱 사용 반대하기

소비자의 힘

계속해서 많은 사람들이 항의하자 일부 패스트푸드 기업은 아동용 식사에 플라스틱 장난감을 제공하던 것을 중단했어요. 많은 사람들이 포기하지 않고 목소리를 내면 기업은 자신들의 방식을 바꿀 거예요.

함께하기 67

플라스틱과의 관련성

여러 사람들과 함께하면 플라스틱 문제 해결이 더 쉬워질 거예요. 더 많은 사람들이 목소리를 내면 정부는 플라스틱 사용을 줄이기 위해 변화를 만들어야 한다는 것을 깨달을 수 있어요.

정부와의 협력

플라스틱 문제에 대해 널리 알리는 것은 정부를 움직일 수 있어요. 정부에 더 나은 재활용, 일부 플라스틱 제품 사용의 축소 및 금지, 플라스틱 내에 있는 해로운 화학 물질 통제 등에 동의하도록 할 수 있지요.

새로운 아이디어

일부 지역에는 플라스틱 재활용을 위해 플라스틱병을 수거하는 자동 수거기가 있어요. 사람들은 수거기에 병을 넣을 때마다 작지만 일정 금액의 돈을 받아요. 이것은 정부가 플라스틱을 재활용하도록 사람들을 장려하는 좋은 아이디어 중 하나랍니다.

편지 쓰기

정부와 기업에 건의하는 편지를 쓸 수도 있어요. 많은 사람들이 함께 쓴다면 그 힘은 더 커지겠죠. 정부와 기업들은 편지를 통해 사람들이 플라스틱에 대한 조처를 원한다는 것을 알 수 있어요.

변화를 만드는 아이들

많은 성공적인 환경 시위는 아이들에 의해 시작되었어요. 아이들은 다른 아이들에게 더 많은 재활용을 하도록 동기를 부여하고 플라스틱 사용을 피하거나 플라스틱 청소의 날에 대해 알렸어요. 발리에서는 어린 시위자들의 노력으로 정부가 플라스틱 사용에 관한 법률을 수정하기도 했어요.

우리가 할 수 있는 일들

여러분은 지구의 플라스틱을 줄이는 데 중요한 역할을 할 수 있어요. 무엇을 사고 무엇을 먹을지 생각하는 것에서부터 일회용 플라스틱 사용을 반대하고 지역 및 정부에 편지를 쓰는 것에 이르기까지 여러분이 매일 할 수 있는 간단한 일들이 수십 가지가 있어요. 이러한 행동들은 그 자체로는 작아 보일 수 있지만, 많은 사람이 함께하면 큰 차이를 만들 수 있습니다. 다른 사람들이 참여해 함께 변화를 만들 수 있도록 격려해 주세요!

교환 상점
더는 사용하지 않는 플라스틱 제품을 버리는 대신, 다른 사람들과 교환해 보세요. 플라스틱이 버려지는 것을 막고 새로운 플라스틱 제품을 사지 않도록 해요.

청소해요
학교나 지역 사회의 사람들과 함께 하천, 연못, 공원에 버려져 야생 동물에게 해를 끼치는 플라스틱 쓰레기를 수거하고 청소하세요.

헌 옷을 다시 써요
낡은 옷을 수선해 보세요. 불필요한 옷은 중고 상점에 가져가 재활용하세요. 또한, 다른 사람들과 옷을 교환하거나 중고로 구매하면 새로운 옷을 사는 것을 피할 수 있어요.

한 사람 한 사람 69

널리 알려 주세요
플라스틱 문제와 여러분이 할 수 있는 일을 더 알아보세요. 그런 다음, 여러분의 지식을 가능한 한 많은 사람과 공유하세요. 사람들에게 플라스틱이 어디에서 오는지, 그리고 어떻게 자연을 파괴하는지 말해 주세요.

가정에서의 재활용
가족에게도 플라스틱 쓰레기를 줄이고 재활용하도록 이야기하세요. 플라스틱 제품을 재활용 상자에 넣기 전에 속이 비어 있는지, 깨끗하고 건조한지 확인하세요. 재활용 마크를 확인하는 것도 잊지 마세요.

포장하기
플라스틱으로 된 포장지를 사용하지 마세요. 재사용 종이 또는 신문이나 잡지의 예쁜 페이지로 선물을 포장하세요.

식품 포장재를 줄이세요
밀폐된 뚜껑이 있는 플라스틱 용기를 깨끗이 씻어 재사용하세요. 텀블러를 가지고 다니면 물병이나 음료수병을 쓸 필요가 없어요.

플라스틱과의 관련성
플라스틱 문제를 해결하려면 우리 모두 플라스틱 사용을 줄이기 위해 노력 해야 합니다. 사용하는 플라스틱에 대해 알고, 가능한 한 다시 사용하며, 일회용 플라스틱을 피하는 것은 여러분이 할 수 있는 가장 쉬운 방법이에요.

용어 해설

ABS: 아크릴로니트릴, 뷰타다이엔, 스타이렌의 약자. 아주 단단한 제품을 만드는 데 쓰이는 플라스틱

ASA: 아크릴로니트릴, 스티렌, 아크릴레이트의 약자. 강하고 견고한 제품을 만드는 데 쓰이는 플라스틱

HDPE: 고밀도 폴리에틸렌. 주방용품, 식품 용기, 화장품 용기를 포함한 다양한 제품을 만드는 데 사용되는 플라스틱

LDPE: 저밀도 폴리에틸렌. 지퍼백, 일회용 비닐봉지, 랩, 일회용 장갑 등을 만드는 데 사용되는 플라스틱

PET: 폴리에틸렌 테레프탈레이트. 투명하고 강하며 가벼운 플라스틱으로 음료수병을 만드는 데 사용되고 재활용이 가능함

PP: 폴리프로필렌, 화학 물질에 강한 플라스틱

PVC: 폴리염화비닐, 가장 일반적으로 생산되는 플라스틱 중 하나로 배관, 신발, 의류에 사용된다.

UPVC: 비가소성 폴리염화비닐. 창틀과 파이프 등의 건축 자재로 사용되는 플라스틱

고스트 기어: 바다에 아무런 조치 없이 버려져 환경에 해를 끼치는 그물과 기타 어업 장비

기후 변화: 세계 기후의 지속적인 변화

나일론: 주로 섬유로 세공되어 직물, 낚싯줄, 그물 등을 만드는 데 사용되는 플라스틱

나프타: 석유를 증류해서 만든 액체로 플라스틱의 기초 원료가 됨

너들: 플라스틱 제품을 만들기 위한 원료로 사용되는 매우 작은 플라스틱 알갱이

단량체: 화학 반응으로 고분자 화합물을 만들 때 단위가 되는 물질

마이크로 섬유: 매우 얇은 가닥 또는 플라스틱 섬유 조각

마이크로비즈: 얼굴 스크럽이나 물비누와 같은 일부 화장품에 첨가된 아주 작은 플라스틱 조각

매립지: 폐기물을 채우기 위해 파 놓은 땅

먹이 사슬: 생태계에서 먹이를 중심으로 이어진 생물 간의 관계

미세 플라스틱: 1~5마이크로미터 길이로 측정되는 아주 작은 플라스틱 조각들

박테리아: 단일 세포로 이루어진 아주 작은 생명체로 발효나 부패 작용을 해 생태계의 물질 순환에 중요한 역할을 한다.

베이클라이트: 인간이 만든 최초의 플라스틱 중 하나

분자: 원자들이 결합한 집합체. 모든 물질은 분자로 이루어져 있다.

분해자: 박테리아나 곰팡이와 같이 죽은 식물과 동물을 분해하는 데 도움이 되는 생물체

생분해: 자연 물질이 더 단순한 물질로 분해되는 과정

생태계: 모든 생물이 살아가는 환경이 하나의 단위로 기능하는 생명 공동체

소각: 쓰레기를 태워서 처분하는 것

수로: 물이 흐르는 통로 혹은 선박이 다닐 수 있는 강, 하천 등 수면상의 길

쓰레기 지대: 해류에 의해 한데 모여 바다에 떠다니는 플라스틱 쓰레기 덩어리

아크릴 섬유: 양모와 비슷한 촉감의 플라스틱 섬유

압축 성형: 열과 압력을 가해 성형 틀 안에 플라스틱 원료를 넣고 만드는 방법

압출: 금속 노즐을 통해 플라스틱 원료를 통과시킴으로써 플라스틱 막대나 튜브를 만드는 방법

열가소성 플라스틱: 열을 가하면 부드러워지고 식으면 단단해지는 플라스틱

오염: 환경에 해로운 영향을 미치는 물질이 발견되거나 첨가된 상태

온실 효과: 대기 중의 특정 가스가 태양으로부터 오는 열이 다시 우주로 빠져나가는 것을 막아 지구를 따뜻하게 하는 현상

온실가스: 지구 대기를 오염시켜 온실 효과를 일으키는 이산화탄소, 메탄 등의 가스

원유: 정제 및 가공되기 전 자연 상태에서 발견되는 석유

원자: 모든 물질의 기본 구성 요소가 되는 작은 입자들

유전: 지구 표면 아래 많은 양의 석유를 포함하는 지역

일회용: 한 번 사용하고 버리는 것

자원: 원자재, 공기, 물, 에너지와 같이 인간 생활 및 경제 생산에 필요한 것들

재활용: 사용되었거나 폐기된 물질을 다시 사용할 수 있는 형태로 변환하는 것

정제소: 원유가 가공되어 휘발유 등 유용한 제품으로 변환되는 곳

중공 성형: 공장에서 병과 같은 속이 빈 플라스틱 제품을 만드는 데 사용되는 방법

중합체: 분자가 반복되어 긴 분자 사슬로 만들어진 것으로 플라스틱도 중합체의 한 종류이다.

증류탑: 석유 정제소에서 석유의 여러 성분을 분리하기 위해 사용되는 높은 탑

진공 성형: 성형 틀에 플라스틱 시트를 대기 압력 작용으로 빨아들여 플라스틱 제품을 만드는 방식

추출: 땅에서 원유를 뽑아내는 과정

침출수: 쓰레기 따위의 폐기물이 썩어 지하에 고였다가 흘러나오는 물로 오염 화학 물질이 포함되어 있다.

폴리스타이렌: 요구르트병, 스티로폼 등 가벼운 제품을 만드는 데 쓰이는 플라스틱의 한 종류

폴리에스테르: 내구성이 강하고 흡습성이 없는 플라스틱 섬유

하수도: 집, 공장 등에서 쓰고 버리는 물이나 빗물이 흘러가도록 만든 설비

합성 물질: 인간에 의해 만들어진 물체, 물질 또는 재료. 일부 합성 제품은 천연 제품처럼 보이도록 설계되었다.

화석 연료: 수백만 년 전에 살았던 식물이나 동물의 잔해로부터 형성된 석탄, 석유, 천연가스를 말하며 에너지를 포함하고 있다.

환류: 해류의 회전하는 원형 패턴

| 찾아보기 |

- 3D 인쇄 31
- ABS 26
- ASA 27
- HDPE 51, 60, 61
- LDPE 20, 26, 27, 60
- PET 11, 20, 50, 60, 61
- PVC 26, 30, 60
- UPVC 27
- 건강상의 피해 13, 23, 46-47
- 고무 19, 20, 21, 36
- 고스트 기어 35, 38, 39
- 금지 49, 54-55
- 기술 51, 52-53
- 기후 변화 16, 17
- 나일론 26
- 나프타 22-23
- 너트 23, 36, 61
- 단량체 20
- 대기 14, 17
- 대체재 21, 54, 57, 62-63
- 마이크로 섬유 37
- 마이크로비즈 37, 62
- 매립지 11, 14-15, 60, 68
- 먹이 사슬 40, 41, 46-47
- 메탄 14, 15
- 미세 플라스틱 11, 13, 36-37, 38, 41, 43, 46-47, 53
- 박테리아 8, 44, 53
- 베이클라이트 21
- 분자 20, 61
- 분해자 8, 9

- 생명체 12-13, 14, 17, 44-46
- 생분해 8-9, 62, 63
- 생산 7, 16, 19, 22-23, 32
- 생태계 6
- 석유 16, 22, 62
- 수로 11, 33, 34-35, 51
- 쓰레기 10, 12-13, 33, 34-35, 39
- 쓰레기 지대 42-43
- 아크릴 16
- 알루미늄 11, 62
- 압축 성형 31
- 압출 30
- 에너지 16, 17
- 열가소성 플라스틱 30
- 오염 10, 12-13, 15, 38-39, 41
- 온실 효과 16
- 온실가스 14, 15, 17
- 원유 17, 22
- 원자 20
- 유전 17
- 유출 16
- 의료 분야 28, 54
- 일회용 플라스틱 7, 10-11, 54, 58, 69
- 자연 20-21, 62-63
- 자원 10, 16-17
- 장점 8, 25-31
- 재사용 가능한 26, 55, 58, 59, 68
- 재생 불가능한 16
- 재활용 9, 14, 60-61, 67, 69
- 정제 16, 22

- 정제소 22
- 중공 성형 30
- 중합체 20, 23
- 증류탑 22
- 지구 17, 22
- 진공 성형 30
- 챌린저 딥 38
- 청소 13, 49, 50-53, 67, 68
- 추출 16, 22
- 침출수 15
- 캠페인 54, 66, 67
- 투기 33, 35, 36, 38
- 폐기물 7, 14-15
- 포장재 11, 28-29, 55, 59, 69
- 폴리스타이렌 11, 27, 29, 36, 60
- 폴리에스터 26
- 폴리우레탄 27
- 폴리카보네이트 27
- 폴리프로필렌(PP) 26, 51, 60
- 플라스틱 6, 7, 18, 19, 21, 27, 32, 40, 56
- 플라스틱에 의한 피해 6, 12, 13, 15, 16, 36, 38, 39, 41, 44-45
- 하수 처리 34
- 합성 19, 21
- 화석 연료 17, 22, 23, 62
- 화재 위험 12, 15
- 화학 물질 8, 12, 13, 15, 23
- 환류 42

클라이브 기포드(Clive Gifford) 글

논픽션 책을 쓰는 경험 많은 작가이자 저널리스트이며 사진 작가예요. 200권 이상의 책을 썼으며, 25개 이상의 언어로 번역되었고, 과학에서 언어와 스포츠에 이르는 다양한 주제로 800개 이상의 기사와 이야기를 썼어요. 로열 소사이어티 어린이 도서상, 타임즈 교육 보충 올해의 정보 도서상, 학교 도서관 협회 정보 도서상, 블루 피터 도서상의 논픽션 부문 최우수상 등 수많은 상을 받았어요.

한나 리(Hannah Li) 그림

중국에서 미술 학사 학위를 받고 사바나 예술 디자인 대학에서 일러스트레이션 석사 학위를 받은 후 뉴욕으로 이주해 일러스트레이터로 일하고 있어요. 한나의 작품은 낙관적이고 안정적이며 감성적인 특징을 가지고 있어요.

박정화 옮김

단국대학교 대학원에서 영문학을 전공하고 동대학원에서 영문학 박사 학위를 받았어요. 현재 단국대학교에서 강의를 하면서 어린이책 번역가로 활동하고 있어요. 옮긴 책으로 「시니 소마라 박사가 들려주는 직업 이야기 시리즈」 『돌아온, 할머니는 도둑』 『물은 소중해요』 등이 있어요.

지구를 살리는 환경 이야기 플라스틱은 왜 지구를 해칠까요?

클라이브 기포드 글·한나 리 그림·오르후스 대학교 트리디베시 데이 박사 감수·박정화 옮김
초판 1쇄 발행일 2024년 5월 25일 초판 3쇄 발행일 2025년 5월 20일
펴낸이 · 김금수
펴낸곳 · 바나나북
출판등록 · 제2013-000080호
주소 · 서울 광진구 천호대로 709-9 음연빌딩 2층
전화 · (02)716-0767   팩스 · (02)716-0768
이메일 · ibananabook@naver.com
블로그 · www.bananabook.co.kr

Why Does Plastic Hurt the Planet?: Mind Mappers
- Making Difficult Subjects Easy To Understand
by Clive Gifford(Author), Hannah Li(Illustrator)
Copyright © Weldon Owen
Korean translation rights © DNB Story Co. Bananabook, 2024
Published by arrangement with Weldon Owen, an imprint of Insight Editions USA through AMO Agency, Korea.
No Part of this book may be reproduced in any form without written permission from the publisher.

이 책의 한국어판 저작권은 AMO 에이전시를 통해 저작권자와 독점 계약한 도서출판 바나나북(디엔비스토리)에 있습니다. 저작권법에 의해 보호를 받는 저작물이므로 무단 전재와 무단 복제를 금합니다.
KC마크는 이 제품이 공통안전기준에 적합하였음을 의미합니다.
ISBN 979-11-88064-46-5 74430

※ 바나나북은 크레용하우스의 임프린트이며 디엔비스토리의 아동·청소년 브랜드입니다.

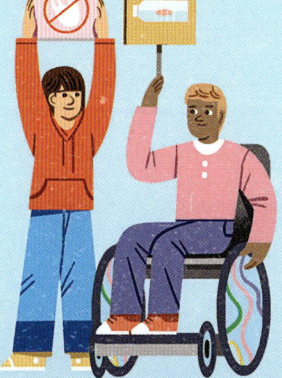

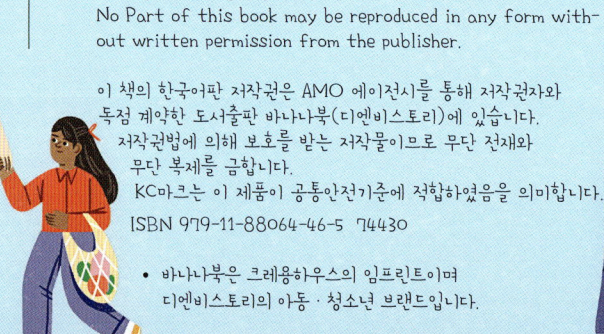